TOPOGRAPHIA AUSTRIACA

Herausgegeben von Ingo Nebehay und Robert Wagner

Band 8

SÜDBAHN-ALBUM

Akademische Druck- u. Verlagsanstalt
Graz/Austria

SÜDBAHN-ALBUM

Malerische Ansichten in der Nähe der k. k. Südbahn von Wien bis Triest
(um 1856)

Nach der Natur aufgenommen von Chapuy und Fiedler,
und von bewährten Künstlern in Stahl gestochen

Mit einer Einführung von Robert Wagner

Akademische Druck- u. Verlagsanstalt
Graz/Austria

Die Deutsche Bibliothek – CIP-Einheitsaufnahme
Südbahn-Album: malerische Ansichten in der Nähe der k.k. Südbahn von Wien bis Triest (1856) /
nach der Natur aufgenommen von Chapuy und Fiedler, und von bewährten Künstlern in Stahl gestochen.
Mit einer Einf. von Robert Wagner. – Graz/Austria : Akad. Dr.- u. Verl.-Anst., 1991
(Topographia austriaca ; Bd. 8)
ISBN 3-201-01548-2 Ln.
ISBN 3-201-01549-0 Ld.
NE: Chapuy, Nicolas-Marie-Joseph; GT

Satz: Fotosatzzentrum Südost Ges.m.b.H., Graz
Druck: Print & Art, Graz
Buchbindearbeiten: Art-Buchbinderei, Graz
Als Vorlage für die Reproduktion diente das Exemplar von Heinz Hiebl, Graz.
Für die Gesamtherstellung verantwortlich:
© Akademische Druck- u. Verlagsanstalt, Graz 1991
Printed in Austria
ISBN 3-201-01548-2 (Leinen)
ISBN 3-201-01549-0 (Leder)
Die Verkaufsauflage dieser Ausgabe ist auf
980 Exemplare (1–980) in Leinen und 100 Exemplare (I–C) in Leder limitiert.
Dieses Exemplar trägt die Nummer

Inhalt

Einführung 7

1. Das Südbahn-Album 9
2. Die Künstler des Südbahn-Albums 10
3. Der Verlag des Südbahn-Albums 13
4. Die k. k. Südliche Staatsbahn 18
5. Die Reise auf der k. k. Südlichen Staatsbahn von Wien bis Triest 21

Tafelteil 33

Einführung

1. Das Südbahn-Album

Das Südbahn-Album der k. k. Staatsbahn von Wien bis Triest erschien erstmals 1856 im Verlag der „Literarisch-artistischen Abtheilung des Österreichischen Lloyd" in Triest mit 330 Seiten Text, einer großen lithographierten Faltkarte und 31 Stahlstichansichten.[1] Die topografische, historische und naturkundliche Beschreibung der Landschaften entlang der Bahnstrecke von Wien bis Triest stammt von August Mandl, Amtssekretär im k. k. Handelsministerium, die zahlreichen Gedichte im Text von Johann Gabriel Seidl (1804–1875), einem beliebten Lyriker und Erzähler, von dem auch der Text zur alten österreichischen Volkshymne „Gott erhalte" stammt. Der Verlag gab sehr bald aber auch ein Album heraus, das nur die 31 Stahlstichansichten nach den bekannten Zeichnungen von Nicolas-Marie-Joseph Chapuy und Bernhard Fiedler enthielt. Von diesem Stahlstichalbum sind zwei Ausgaben nachweisbar, bei denen lediglich der Titel auf dem bedruckten Original-Umschlag etwas variiert: „Album der Südbahn von Wien bis Triest. Nach der Natur aufgenommen von Chapuy und Fiedler"[2] und „Südbahn-Album. Malerische Ansichten in der Nähe der k. k. Staatsbahn von Wien bis Triest. Nach der Natur aufgenommen von Chapuy und Fiedler und von bewährten Künstlern in Stahl gestochen".[3]

2. Die Künstler des Südbahn-Albums

Von den 31 Stahlstichen des Südbahn-Albums wurden 26 Ansichten nach zeichnerischen Vorlagen von Chapuy gestochen, nur fünf Ansichten von Bad Tüffer (Laško) und Umgebung stammen von Bernhard Fiedler. Als Stahlstecher wirkten Mitarbeiter der „Literarisch-artistischen Abtheilung des Österreichischen Lloyd" in Triest, nur bei vier Blättern sind auch Namen ausgewiesen: Karl Bertrand, A. Fesca, Friedrich Carl Würthle und P. Ahrens.

Der französische Maler, Zeichner und Lithograph Nicolas-Marie-Joseph Chapuy (*1790 in Paris, † 23. 7. 1858 ebenda)[4] war zunächst Offizier des Genie-Corps, bevor er sich ganz der Kunst widmete. Von 1824–43 stellte er wiederholt im Pariser Salon aus. Er illustrierte 1823 die „Cathédrales de France" von F. T. de Jolimont, 1824 die „Voyage pittoresque dans Lyon" sowie 1839–44 Morets fünfbändiges Werk „Le Moyen-Age pittoresque" und wirkte an den „Œuvres de Palladio", herausgegeben von Beugnot, den „Monument de Petra", den „Antiquités d'Alsace" und Marestiers „La navigation à vopeur" mit. Nach seinen Gemälden und Zeichnungen haben Künstler wie Martens, Salathé oder Hurlimann Stahlstiche und Arnout, Bayot, Benoist, C. Constant, Deroy und Thenot Lithographien angefertigt. Chapuy hat aber auch selbst lithographiert, so für Laborde und Bussières „Voyage en Orient", für die „Voyage pittoresque dans l'ancienne France" von Nodier, Taylor und Cayeux, für die „Souvenirs de Grenade et de l'Alhambra" von Giroud de Pranzey und für Desroziers „Ancien Bourbonnais". Österreichische Ansichten nach seinen zeichnerischen Vorlagen enthalten die beiden Lithographie-Alben „Allemagne monumentale et pittoresque"[5] und „Souvenir de Vienne", das im Verlag von Artaria in Wien erschien.[6] Chapuy hielt sich 1851/52 in Österreich auf und hat hier den Semmering noch während der Bauarbeiten gezeichnet. Von seinen 26 Zeichnungen entlang der Staatsbahn von Wien bis Triest haben nicht weniger als sieben Zeichnungen den Semmering zum Thema. Seine Semmering-Landschaften mit ihren bizarren Felsen zeigen bei ihm oft eine geradezu dramatische Inszenierung. Von den Bauarbeiten selbst ist auf seinen Blättern nichts mehr zu erkennen. Die sieben Semmering-Darstellungen von Chapuy haben so großen Anklang gefunden, daß sie auch als Vorlagen weiterer Alben Verwendung fanden, so in dem bereits erwähnten Album „Souvenir de Vienne", das mit den Tonlithographien von Franz Xaver Sandmann 1855/56 bei Artaria erschien und etwa gleichzeitig in dem Album „Die Bahn über den Semmering" mit den getönten Lithographien von Alexander Kaiser, das im Verlag von A. Paterno's Witwe & Sohn in Wien veröffentlicht wurde.[7]

Der zweite Künstler, der Vorlagen zu den Stahlstichen zeichnete, ist Bernhard Fiedler (*23. 11. 1816 in Berlin, † 28. 3. 1904 in Triest).[8] Er hat an der Akademie in Berlin studiert. 1843 machte er eine Studienreise nach Venedig und Triest, wo er

Vedutenbilder für den österreichischen Staat malte. In dieser Zeit wandte er sich auch dem Aquarell zu. In Triest malte er für Mitglieder der kaiserlichen Familie. Seit 1853 hielt er sich auch im Orient auf. Für den Sultan malte er in Konstantinopel, im Auftrag des Königs von Preußen in Syrien, Palästina und Ägypten und als Begleiter des Herzogs von Brabant, des späteren Königs Leopold II. von Belgien auf Reisen durch den ganzen Orient, Griechenland und Italien. Auch nach 1860 unternahm er immer wieder Reisen in den Orient. Seinen dauernden Wohnsitz hatte er aber in Triest. Mit seinen zahlreichen Ölbildern und Aquarellen war er auf vielen deutschen und österreichischen Ausstellungen vertreten, 1867 auch auf der Pariser Weltausstellung. Daneben war er aber auch als Illustrator für Ebers „Ägypten", die „Geschichte der Hohenzollern" und das im Verlag Engelhorn 1875 erschienene Illustrationswerk „Italien" tätig.

3. Der Verlag des Südbahn-Albums

Der „Österreichische Lloyd" in Triest als Verlag des vorliegenden Albums überrascht, ist doch dieses Unternehmen unter ganz anderen Voraussetzungen bekannt. Der Österreichische Lloyd in Triest wurde 1832 von sieben Triester Versicherungsgesellschaften zunächst als Versicherungsunternehmen nach dem Muster des Lloyd in London und des Lloyd Français in Paris gegründet. Er stellte sich aber auch die Aufgabe, Kaufleuten und Versicherungen die neuesten Nachrichten und Informationen über Handel und Schiffsverkehr mit jenen Ländern und Häfen zu vermitteln, mit denen Triest in geschäftlichen Verbindungen stand. So gab es eigene Korrespondenten, Zeitungen und Publikationen, die sich zunächst aber nur mit wirtschaftlichen Angelegenheiten befaßten.[9] Vier Jahre später, 1836, wurde das Schiffahrtsunternehmen des Österreichischen Lloyd mit anfangs sechs Dampfschiffen, Werkstätten und Kohleladeplätzen in Triest und in verschiedenen ausländischen Häfen gegründet. Die Jungfernfahrt des ersten Lloyd-Dampfers „Arciduca Lodovico" mit 53 Passagieren und Ladung fand am 16. Mai 1837 von Triest über Ancona, Korfu, Patras, Piräus, Syra und Smyrna nach Konstantinopel statt. Das Schiff benötigte für seine Fahrt lediglich 14 Tage, was damals sensationell war.[10] In den folgenden Jahren wurden immer mehr neue Schiffe in den Dienst gestellt und das Liniennetz laufend erweitert. Bald wurden auch Alexandria und andere Häfen der Levante angefahren. Besondere Bedeutung kam der Übernahme des Postdienstes im östlichen Mittelmeer zu. Seit 1851 besaß der Österreichische Lloyd die ersten in England gebauten Schraubendampfer, eine Erfindung des österreichischen Marinebeamten Josef Ressel (1793–1857).

Mit Errichtung des Lloyd-Arsenals in San Andrea bei Triest (1853) baute sich der Österreichische Lloyd auch seine eigenen Schiffe, die bald zu den komfortabelsten der ganzen Welt gehörten. Die Eröffnung des Suezkanals am 16. November 1869 war für den Österreichischen Lloyd von besonderer Bedeutung. 1870 erfolgte bereits die erste Fahrt von Triest bis Bombay, und bald wurden auch die Häfen Colombo und Kalkutta angefahren. 1892 eröffnete der Österreichische Lloyd mit den prächtigen Schiffen „Berenice", „Thisbe" und „Maria Teresa" neue Schiffahrtslinien nach Shanghai, Kobe und Yokohama. 1912 besaß der Österreichische Lloyd bereits 62 Schiffe, und weitere waren in Bau. Eine der traditionellen Stammstrecken, Triest–Alexandria, konnte mit dem Eildampfer bereits in drei Tagen befahren werden.

Von größter Bedeutung für den gewaltigen Aufstieg des österreichischen Schiffahrtsunternehmens war der Bau der Eisenbahnlinien in Europa, besonders natürlich die Eisenbahn von der Reichshaupt- und Residenzstadt Wien nach dem Adriahafen Triest. Am Ende des Jahrhunderts stand Wien mit Triest auf der Südbahn täglich mit drei Schnellzügen in Verbindung, und es gab durchlaufende Waggons von Berlin über

Dresden und Prag nach Triest. Mit dem Bau der Tauernbahn gab es noch eine weitere Hauptlinie quer durch Europa von Vlissingen in den Niederlanden über Frankfurt und München nach Triest.

Der Österreichische Lloyd, der hier als bedeutendes Schiffahrtsunternehmen, als Versicherungsgesellschaft oder auch als Werft, die schmucke Schiffe baute, umrissen wurde, ist allgemein bekannt. Wenig bekannt hingegen dürfte der Buchverlag, die sogenannte „Literarisch-artistische Abtheilung des Österreichischen Lloyd", sein. Dabei handelt es sich auch in diesem Fall um ein beachtliches Unternehmen. Das um 1845 bereits florierende Verlags- und Druckereiunternehmen gab zeitweise bis zu sieben Zeitungen und Periodika heraus. Daneben wurden aber auch grafisch hervorragende Buchpublikationen, vor allem Ansichtenwerke, veröffentlicht. 1848 expandierte das Triester Unternehmen auch nach Wien, wo bis 1861 in der Augustinerstraße in eigenen Verlags- und Druckereiräumen das Journal „Lloyd" gedruckt wurde. Danach wurde das Wiener Haus wieder verkauft, und auch in Triest hat man offenbar Verlag und Druckerei bald eingestellt.

Für 1857 sind uns jedenfalls noch beachtliche Zahlen bekannt. So besaß die Buchdruckerei zehn Hand- und sieben Schnellpressen, die Schriftsetzerei drei Setzmaschinen, die Kunstanstalt hatte 18 Kupferdruckpressen, und das Atelier beschäftigte zwei Fotografen und zwei Maler. Insgesamt waren 198 Angestellte im Verlags- und

Druckereiunternehmen tätig. Damit war die „Literarisch-artistische Abtheilung des Österreichischen Lloyd" auch für die gesamte Monarchie ein bedeutendes Buch- und Zeitungsunternehmen.[11]

Bei den Buchpublikationen, die in der Literarisch-artistischen Abtheilung erschienen sind, fällt auf, daß sich besonders viele Werke mit den neugebauten Eisenbahnen beschäftigen. Wenn man aber bedenkt, welche Bedeutung die Eisenbahnen gerade für den Österreichischen Lloyd hatten, so ist dies weiter nicht verwunderlich.

Folgende Ansichtenwerke aus dem Verlag des Österreichischen Lloyd konnten bisher nachgewiesen werden:

Ferdinand I. und Maria Anna Carolina im Küstenlande im September 1844. 1845. (NW 937)[12]
Triest und seine Umgebungen. 1852. (NW 1180)
J. G. Kohl: Die Donau von ihrem Ursprung bis Pesth. 1854. (NW 310)
A. R. v. Perger: Der Dom zu St. Stephan in Wien. 1854. (NW 482)
Album malerischer Ansichten aus Dalmatien. 1855. (NW 9)
Album malerischer Donau-Ansichten. 1855. (NW 10)
Francesco Lanza: Dell'antico palazzo di Diocleziano in Spalato. 1855. (NW 357)
August Mandl, Johann Gabriel Seidl: Die Staatsbahn von Wien bis Triest. 1856. (NW 388)
Album der Südbahn von Wien bis Triest. Nach der Natur aufgenommen von Chapuy und Fiedler. 1856. (NW 122)

Südbahn-Album. Malerische Ansichten in der Nähe der k. k. Staatsbahn von Wien bis Triest. 1857(?). (Vorliegendes Album, nicht bei NW)

Am Tage der Eröffnung der Eisenbahn von Wien nach Triest. Vom Österreichischen Lloyd. 1857. (NW 879)

Triest. Historisch-topographisches Reisehandbuch für die Besucher dieser Stadt und ihrer Umgebungen. 1857. (NW 1179)

S. Formiggini, P. Kandler u. a.: Drei Tage in Triest. 1858. (NW 182)

Joseph Gentz: Von Wien nach Triest. Reisehandbuch für alle Stationen der k. k. Südbahn. 1858. (NW 194)

Von Wien nach Linz. Reisehandbuch für alle Stationen der Kaiserin Elisabeth Westbahn. 1859. (NW 789)

P. v. Radics: Adelsberg und seine Grotten. 1861. (NW 525)

Folgende Werke wurden in der Kunstanstalt des Österreichischen Lloyd gedruckt und gestochen, aber nicht verlegt:

Ansichten von Meran und Umgebung. Zu haben bei Johann Thuille in Bozen. Um 1850. (NW 1173)

Markus Pernhart: Bilder aus Kärnten. Klagenfurt, Joh. u. Friedr. Leon, 1863–68. (NW 484)

(NW = Ingo Nebehay – Robert Wagner: Bibliographie altösterreichischer Ansichtenwerke aus fünf Jahrhunderten. Graz 1981–1991.)

4. Die k. k. Südliche Staatsbahn

Die Anfänge der Südbahn reichen bis in das Jahr 1838, wo sie als zweitälteste mit Lokomotiven betriebene Eisenbahn Österreichs durch den Bankier Simon Georg Freiherr von Sina gegründet wurde. Der erste Teilabschnitt von Wien nach Gloggnitz war ursprünglich als Flügelbahn der „Wien-Raaber-Bahn" gedacht und sollte nur dem Ausflugspersonenverkehr dienen. Zunächst dachte man, die Hauptlinie nach Triest über den Westen Ungarns zu führen, womit man sich große Steigungen erspart hätte. Doch kam man bald davon wieder ab. Besonders Erzherzog Johann hatte sich für den Bahnbau durch die Steiermark und Krain in entscheidender Weise ausgesprochen und ließ durch Offiziere des Ingenieurkorps die „Möglichkeit eines Eisenbahnzuges für Dampfwägen von Wien nach Triest nebst dem Übergang des Semmerings" berechnen.[13]

Anfang September 1842 wurde mit dem Bahnbau der Strecke Mürzzuschlag–Graz begonnen, und bereits am 21. Oktober 1844 konnte diese Bahn von Erzherzog Johann feierlich eröffnet werden. Im August 1843 begannen die weiteren Bauarbeiten an der Strecke Graz–Marburg–Cilli, und zwei Jahre später die Verlängerung bis Laibach. Am 16. August 1849 wurde die 315 Kilometer lange Eisenbahnlinie von Mürzzuschlag nach Laibach durch den jungen Kaiser Franz Joseph eröffnet.[14]

Das größte Problem am Bau der Südbahn war aber die Überwindung des Semmerings. Man hatte kaum Erfahrungen mit Gebirgsbahnen und größeren Steigungen. Alle Überlegungen gingen anfangs in Richtung Schrägaufzug, Zahnradsystem oder doch einer Pferdebahn. 1842 war der in Venedig geborene Ingenieur Carl Ghega (1802–1860), der schon reiche Erfahrungen aus dem Straßenbau in den Dolomiten und vom Bau der Kaiser-Ferdinands-Nordbahn mitgebracht hatte, zum Projektleiter der Semmeringbahn ernannt worden. Damit hatten alle Diskussionen ein Ende, für ihn war es keine Frage, daß die Trasse so angelegt werden mußte, daß sie mit Adhäsionslokomotiven überwunden werden konnte. Für die geeignete Lokomotive wurde eine Preiskonkurrenz ausgeschrieben. 1848 war mit dem Bau endgültig begonnen worden. Am Höhepunkt der Bauarbeiten waren 170.000 Arbeiter am Semmering beschäftigt. Der Kostenaufwand der österreichischen Regierung betrug 45 Millionen Kronen. Von Gloggnitz bis Mürzzuschlag führt die 55 Kilometer lange Bahn mit doppeltem Gleis durch 15 Tunnels, darunter der 1.430 m lange Tunnel unter dem Semmeringpaß, über 16 Viadukte – der längste über das Schwarzatal ist 228 m lang und 25 m hoch, der höchste über die Kalte Rinne ist 46 m hoch bei einer Länge von 184 m – sowie durch mehrere in die Felswände gebaute Galerien, namentlich an der Weinzettelwand. Die größte Steigung beträgt 1 : 40 oder 25 Promille.

Am 22. Oktober 1853 waren die Bauarbeiten an den Schienen so weit abgeschlossen, daß die erste Lokomotive von Gloggnitz nach Mürzzuschlag durchfahren konnte. Am

17. Juli 1854 wurde der reguläre Verkehr über den Semmering aufgenommen. In diese Zeit fällt auch der Kauf der bis dahin privaten „Wien-Gloggnitzer-Eisenbahn" durch die „k. k. Südliche Staatsbahn". In den folgenden Jahren wurden auch die Arbeiten für die Südbahn über das Karstgebirge abgeschlossen. Auch sie standen unter der Leitung des inzwischen hochgeehrten Carl Ritter von Ghega. Am 28. Juli 1857 war die Südbahn von der Reichshauptstadt Wien bis zum Adriahafen Triest vollendet.[15]

5. Die Reise auf der k. k. Südlichen Staatsbahn von Wien bis Triest

Die Reise auf der k. k. Südlichen Staatsbahn, wie sie das vorliegende Album in 31 Stahlstichtafeln zeigt, begann in Wien am Bahnhof der Gloggnitzer Eisenbahn, dem Vorläufer des 1869–73 errichteten Südbahnhofs, der bis 1950 bestand. Neben dem Gloggnitzer Bahnhof war der Raaber Bahnhof, der auch Brucker Bahnhof genannt wurde, weil lange Zeit die Bahn nur bis Bruck an der Leitha reichte. An seiner Stelle wurde 1870 der Ostbahnhof errichtet, der bis 1945 bestand. Von hier aus führten die Züge nach Ungarn, Böhmen und Mähren. Hinter den beiden Bahnhöfen war die Lokomotivfabrik der Gloggnitzer Eisenbahn, in der unter anderem die „Vindobona", eine der Preiskonkurrenzlokomotiven der Semmeringbahn, unter der Leitung des englischen Ingenieurs Haswell gebaut wurde. Es gibt eine gute Darstellung von Chapuy, die den Gloggnitzer und den Raaber Bahnhof zeigt (Textabb. 1).[16] Für das vorliegende Stahlstichalbum wurde aber eine Zeichnung Chapuys vom gegenüberliegenden Arsenal ausgewählt. Das 1849–55 nach Plänen von Sicardsburg, Van der Nüll, Förster, Hansen und Rösner erbaute Arsenal wurde wohl für darstellenswerter angesehen. Das Arsenal enthielt verschiedene militärische Einrichtungen, darunter die Artilleriezeugfabrik und das Heeresgeschichtliche Museum *(Tafel 1)*.

Die Reise führt weiter entlang des südlichen Wienerwaldes, wo Schloß und Burg Liechtenstein von weitem grüßen. Fürst Johann I. von Liechtenstein ließ sich um sein Schloß, einem klassizistischen Bau des Kornhäusel-Schülers Josef Engel, den herrlichen romantischen Naturpark mit malerisch zerklüfteten Kalkfelsen durch künstliche Ruinen ausgestalten. Das bedeutendste Bauwerk ist die Burg Liechtenstein auf weithin sichtbarer Anhöhe, ein Bauwerk aus dem 12. Jahrhundert, das bis 1808 Ruine war und durch Fürst Liechtenstein als romantische Burg eingerichtet wurde *(Tafel 2)*.

Die dritte Ansicht ist der alten Babenbergerstadt Mödling am Ausgang der Brühl gewidmet. Am Fuße des Kalenderberges und teilweise noch in den lebenden Felsen hineingehauen, liegt die spätgotische Pfarrkirche St. Othmar mit dem dem heiligen Pantaleon geweihten Karner (von Bäumen etwas verdeckt; *Tafel 3)*.

Tafel 4 ist der Bäderstadt Baden gewidmet, die am Beginn des 19. Jahrhunderts ihren ungemein großen Aufschwung genommen hatte, als die kaiserliche Familie und der Hochadel hier zur Kur gingen.

Weiter geht die Reise nach Wiener Neustadt, wo die mittelalterliche Stadtpfarr- und zeitweilige Bischofskirche schon von Ferne sichtbar ist. Wiener Neustadt war bereits im 19. Jahrhundert ein wichtiges Verkehrs- und Industriezentrum, eine bedeutende Garnisonsstadt und Sitz der Theresianischen Militärakademie *(Tafel 5)*.

Gloggnitz war lange Zeit die Endstation der Wien-Gloggnitzer Eisenbahn. Fast

Abb. 1 N. M. J. Chapuy: Der Gloggnitzer und der Raaber Bahnhof in Wien. Getönte Lithographie. Um 1850.

ein Jahrzehnt wurde der gesamte Anschlußverkehr von Gloggnitz aus über die Semmeringstraße zur Eisenbahn nach Mürzzuschlag mittels Pferdefuhrwerken abgewickelt. Der Stahlstich zeigt die heute als Schloß bezeichnete ehemalige Probstei von Gloggnitz mit der Pfarrkirche Maria Schnee auf einem Hügel etwas außerhalb der heutigen Industriestadt *(Tafel 6)*.

Nach Gloggnitz beginnt die Semmeringbahn, die mit 16 Viadukten und 15 Tunnels 458 Höhenmeter überwinden muß. Die unter der Leitung von Carl Ritter von Ghega errichtete erste Gebirgsbahn Europas, die am 17. Juli 1854 den Personenverkehr aufgenommen hatte, ist nicht nur ein technisches, sondern auch ein künstlerisches Meisterwerk, das sich in hervorragender Weise der pittoresken Landschaftskulisse anpaßt. Die Bahn umfährt in großen Kurven das Schwarzatal bei Payerbach und Reichenau *(Tafel 7)* sowie den Adlitzgraben, das Tal des Haidbaches, der unterhalb von Schottwien Auebach heißt *(Tafel 8)*.[17] Vom ersten großen Viadukt über die Schwarza zeigt sich die über 2.000 Meter hohe Raxalpe besonders eindrucksvoll *(Tafel 9)*. Malerisch ist die Landschaft beim kleinen Dorf Klamm oberhalb von Schottwien mit der auf einer 125 Meter hohen Felsenwand stehenden Ruine *(Tafel 10)*. Immer wieder gibt es Ausblicke auf Rax und Schneeberg *(Tafeln 7, 8, 10, 13)*. Bei Breitenstein gehören die Weinzettel- und die Polleres-Wand[18] *(Tafeln 11 und 12)* mit ihren markanten Galerien zu den wohl am meisten gemalten und fotografierten Motiven der Semmeringbahn.

Der anschließende Viadukt über die Kalte Rinne ist der höchste Viadukt der Semmeringbahn *(Tafel 13)*. Von hier aus hat man einen sehr schönen Blick zur Polleres- und zur Spies-Wand.

Die weiteren Stationen, denen Stahlstiche gewidmet wurden, sind der damals noch äußerst idyllische und kleine Ort Kapfenberg mit der Burg der Stubenberger *(Tafel 14)*, die alte und traditionsreiche Stadt Bruck am Zusammenfluß von Mur und Mürz und an der Kreuzung wichtiger Straßen des Handels und des Bergbaus *(Tafel 15)*, weiters der kleine Ort Judendorf mit der gotischen Wallfahrtskirche Straßengel *(Tafel 16)*, die Burgruine Gösting mit weitem Blick über das Murtal *(Tafel 17)* und schließlich die steirische Landeshauptstadt Graz *(Tafel 18)*.

Die folgenden Stahlstiche führen bereits in die heute jugoslawische Untersteiermark, in die alte Bischofsstadt Marburg (Maribor) an der Drau, Geburtsstadt Admiral Tegetthoffs, des Siegers von Lissa *(Tafel 19)*, und nach Cilli (Celje) in schöner Lage am Sann. Auf dem nordöstlich der Stadt gelegenen Schloßberg erhebt sich die Burgruine Ober-Cilli, einst Residenz der Grafen von Cilli *(Tafel 20)*.

Für die Stahlstiche von Bad Tüffer (Laško) und seiner Umgebung *(Tafeln 21–23)* zeichnete Bernhard Fiedler die Vorlagen. Auch Tüffer liegt in malerischer Umgebung im Tal des Sann, der am Nordabhang der Sanntaler oder Steiner Alpen an der Grenze von Kärnten entspringt, unterhalb von Tüffer durch ein enges, romantisches Tal fließt

(Tafel 24) und bei Steinbrück (Zidani Most) an der Grenze von Krain in die Save mündet *(Tafel 25)*. Tüffer war in der Monarchie bekannt wegen seiner Thermen. Sie sind im Ort Tüffer selbst oder im nahen Römerbad (Toplice).

Hinter Steinbrück (Zidani Most) verlassen wir im Tal der Save die Steiermark und gelangen schließlich nach Laibach (Ljubljana), der Hauptstadt des Herzogtums Krain *(Tafel 26)*. Ein großes Problem für den Bahnbau war das südlich von Laibach gelegene große Laibacher Moor, das auf 2,5 Kilometern überquert werden mußte. Es bestand aus einer weichen Masse von Torf und Tegel, in die Unmengen von Bruchstein für den Bahnbau geführt werden mußten. Im Laufe von sechs Jahren wurden hier etwa 700.000 Kubikmeter Stein ins Moor versenkt, bis der Untergrund für den Bahnbau ausreichend fest war. Nach dem Laibacher Moor bei Franzdorf (Borovnica) führt die Bahn über Ghegas großen Viadukt, der noch die Bauten für den Semmering übertrifft *(Tafel 27)*.

Auch die folgenden Karstlandschaften waren für den Bahnbau durch ihre Wasserlosigkeit äußerst schwierig. So mußten zuerst Wasserbehälter und Wasserleitungen für Trink- und Nutzwasser errichtet werden, bevor überhaupt an die Trassierung gedacht werden konnte. Adelsberg (Postojna) mit seiner berühmten Grotte ist eines der interessantesten Karstphänomene *(Tafel 28)*. Der größte Teil der Karsthöhlen wurde 1818 entdeckt und erschlossen. In der Nähe von Adelsberg, in einer Doline des Birnbaumer Waldes (Notranjsko), liegt am Abhang einer 123 Meter hohen Felswand das kleine Dorf Luegg (Predjama) mit seinem Schloß, einer 1570 errichteten Höhlenburg. In die Felsenwand führen fünf Karstgrotten *(Tafel 29)*.

Bei Nabresina, wo die Bahn aus dem Karst heraus ans Meer gelangt, war ein 650 Meter langer und 19 Meter hoher Viadukt notwendig, für den Ghega den Marmormuschelkalk der nahen Steinbrüche verwendete, aus dem auch die Palazzi von Venedig erbaut sind *(Tafel 30)*.

Im Küstenort Barcola wird bereits ein Vorort von Triest erreicht *(Tafel 31)*. Die Hafenstadt Triest war dann der Endpunkt der k. k. Südlichen Staatsbahn. Die Errichtung des Bahnhofes in Triest erfolgte wesentlich später als ursprünglich beabsichtigt worden war. Er mußte im letzten Augenblick noch völlig umgeplant werden, da die Finanz- und Hafenbehörden darauf bestanden, daß er unmittelbar neben dem Hafen errichtet werden müßte. Das war sicher eine sehr vorausschauende Planung, doch mußte dafür erst ein gewaltiges Fundament im Meer aufgeschüttet werden. Die feierliche Eröffnung der k. k. Südlichen Staatsbahn auf ihrer vollen Strecke von Wien bis Triest fand deshalb auch erst am 27. Juli 1857 statt. Als das vorliegende Album erschien, waren die Bahnhofsanlagen in Triest noch nicht fertiggestellt. Eine 32. Stahlstichtafel mit dem Hafen und dem neuerrichteten Bahnhof war deshalb wohl auch erst für eine spätere Ausgabe des Albums geplant (Textabb. 2).[19]

Abb. 2   C. Waage: Bahnhof und Hafen von Triest. Getönte Lithographie. 1857.

Anmerkungen:

1 „Die Staatsbahn von Wien bis Triest mit ihren Umgebungen, geschildert von August Mandl. Eingeleitet und poetisch begleitet von J. G. Seidl." Vgl. Ingo Nebehay, Robert Wagner: Bibliographie altösterr. Ansichtenwerke aus fünf Jahrhunderten. Graz 1981–91. Bd. 2, Nr. 388. Ein Exemplar ist an der Österr. Nationalbibliothek (37.982-C) zu finden.
2 Vgl. Nebehay-Wagner Bd. 1, Nr. 122.
3 Ausgabe des vorliegenden Neudrucks. Nicht bei Nebehay-Wagner.
4 Ulrich Thieme, Felix Becker: Allgemeines Lexikon der bildenden Künstler von der Antike bis zur Gegenwart. Leipzig 1912. Bd. 6, S. 382.
5 Nebehay-Wagner, Bd. 1, Nr. 121.
6 Nebehay-Wagner, Bd. 1, Nr. 121a. Die dort angegebene Datierung müßte richtiger *um 1855* lauten.
7 Nebehay-Wagner, Nachtrag Nr. 911.
8 Constant v. Wurzbach: Biographisches Lexikon des Kaiserthumes Oesterreich. Wien 1858. Bd. 4, S. 225 f. – Thieme-Becker, Bd. 11 (1915), S. 537.
9 Fünfundsiebzig Jahre Österreichischer Lloyd. 1836–1911. Hrsg. vom Publizistischen Bureau des Österr. Lloyd. Triest 1911. S. 8.
10 Oskar Stark: Eine versunkene Welt. Die Geschichte des Österr. Lloyd. Fahrten und Ende seiner 62 Schiffe. Wien 1959. S. 9f. – Vgl. auch Dieter Winkler, Georg Pawlik: Der Österreichische Lloyd 1836 bis heute. Graz 1989.
11 Ingo Nebehay: Der Österreichische Lloyd in Triest. In: Anzeiger des Verbandes der Antiquare Österreichs. Wien 1984. Nr. 10–12. – Anton Mayer: Wiens Buchdruckerei-Geschichte. 1482–1882. Wien 1883–87. Bd. 2, S. 321. – Anton Durstmüller: Die österreichischen graphischen Gewerbe zwischen Revolution und Weltkrieg 1848 bis 1918 (500 Jahre Druck in Österreich. Bd. 2). Wien 1985. S. 166f.

12 Vgl. die einzelnen Zitate bei Nebehay-Wagner.
13 Robert Wagner: Carl Ritter von Ghega und die Bahn über den Semmering. Kommentar zu Carl Ritter v. Ghega: Malerischer Atlas der Eisenbahn über den Semmering (Neudruck. Topographia Austriaca, Bd. 6). Graz 1989. S. 10–12.
14 Richard Heinersdorff: Die k. k. priv. Eisenbahnen der Österr.-Ungar. Monarchie 1828–1918. Wien 1975. – Ulrich Schefold: 150 Jahre Eisenbahn in Österreich. München 1986.
15 Wagner (Ghega), S. 12–25. – Vgl. auch Wolfgang Kos: Über den Semmering. Wien 1984. – Alfred Niel: Carl Ritter von Ghega. Wien 1977.
16 Die Textabbildung 1 zeigt den Gloggnitzer und Brucker (= Raaber) Bahnhof nach einer zeichnerischen Vorlage von Chapuy, lithographiert von Alexander Kaiser, Tafel 23 aus der sogenannten mittelgroßen Serie österreichischer Ansichten von F. Paterno. Siehe Nebehay-Wagner, Bd. 2, Nr. 477. Österr. Nationalbibliothek, Kartensammlung, Vues.
17 Bei der Stahlstichtafel 8 „Viaduct zu Heubach" ist wohl der Haidbach bzw. Auebach gemeint. Bekannter ist das Tal unter dem Namen Adlitzgraben.
18 Die Polleres-Wand wurde häufig auch als „Bollerswand" oder ähnlich bezeichnet.
19 Die Textabbildung 2 zeigt den neuen, 1857 errichteten Bahnhof von Triest unmittelbar neben den Hafenanlagen. Getönte Lithographie nach einer zeichnerischen Vorlage von Carl Waage. Österr. Nationalbibliothek, Kartensammlung, Vues.

Südbahn-Album.

Malerische Ansichten in der Nähe der k. k. Staatsbahn von Wien bis Triest.

Nach der Natur aufgenommen von Chapuy und Fiedler, und von bewährten Künstlern in Stahl gestochen.

Enthaltend:

1. Das k. k. Arsenal in Wien.
2. Burg Liechtenstein.
3. Mödling.
4. Baden.
5. Abtei Neustadt.
6. Gloggnitz.
7. Reichenau und Raxalpe.
8. Heubach.
9. Payerbach.
10. Klam.
11. Weinzirlwand.
12. Vollerswand.
13. Kalte Rinne.
14. Kapfenberg.
15. Bruck an der Mur.
16. Judendorf.
17. Schloß Gösting.
18. Gratz.
19. Marburg.
20. Cilly.
21. Markt Tüffer.
22. Bad Tüffer.
23. Gegend bei Tüffer.
24. Bleischmelze.
25. Steinbrück.
26. Laibach.
27. Franzensdorf.
28. Adelsberg.
29. Schloß Lueg.
30. Nabresina.
31. Barcola.

Triest.
Literarisch-artistische Abtheilung des Oesterreichischen Lloyd.

k. k. Arsenal in Wien.

Burg Liechtenstein

Mödling

Baden

Schloß Gloggnitz

Reichenau and Raxalpe

Viaduct zu Heubach

Payerbach

Viaduct zu Klam.

Weinzettelwand

Betterswand.

Viaduct an der Kalten Rinne.

Kapfenberg

Bruck an der Mur.

Schloß Gösting

Gratz

Marburg

Cilli

Markt Tüffer

Bad Tüffer.

Gegend bei Bad Tüffer.

Felsensprengung nächst der Bleischmelze.

Steinbrück

Laybach

Viaduct zu Franzensdorf

Adelsberger Grotte

Schloß Luca.

Nabresina

Barcola

(San Bartolo)